AF542921

RÉVISION

OU

RÉVOLUTION.

PAR

AUGUSTE VITU.

PARIS
MICHEL LÉVY FRÈRES, LIBRAIRES-ÉDITEURS.
RUE VIVIENNE, 2 BIS.

1851

RÉVISION

OU

RÉVOLUTION.

PARIS. — IMPRIMERIE DE SCHILLER AINÉ,
Faub.-Montmartre, 11.

RÉVISION

OU

RÉVOLUTION.

PAR

AUGUSTE VITU.

PARIS
MICHEL LÉVY FRÈRES, LIBRAIRES-ÉDITEURS,
RUE VIVIENNE, 2 BIS.

1851

RÉVISION

OU

RÉVOLUTION.

I.

POSONS LA QUESTION.

La France veut que sa Constitution soit révisée.

Pourquoi?

Parce qu'elle la croit vicieuse et périlleuse.

Qui s'oppose à la révision?

Les vieux partis.

Pourquoi?

Parce qu'ils la chérissent? — Non. Ils l'ont déclarée vingt fois vicieuse et périlleuse.

Pourquoi donc?

Parce que la révision actuelle dérange leurs plans pour l'avenir.

Qu'arrivera-t-il si la Constitution n'est pas révisée?

Une révolution.

II.

LA FRANCE VEUT LA RÉVISION.

Ce point est mathématiquement démontré par les innombrables pétitions qui s'entassent sur le bureau de l'Assemblée nationale et par le vœu solennel de cinquante-deux conseils généraux.

Là-dessus point de discussion possible.

III.

POURQUOI LA FRANCE VEUT LA RÉVISION.

La France veut la révision d'une Constitution qui met en question tous les trois ans le pouvoir législatif, et tous les quatre ans le pouvoir exécutif; qui, entravant le peuple français dans l'exercice de sa prérogative souveraine, ne lui permet pas de corriger la mobilité des institutions par la fixité de ses choix et par la persévérance de sa confiance dans les hommes ; qui, posant mille cas de conflit entre les grands pouvoirs de l'Etat, refuse au pouvoir exécutif le droit d'en appeler au peuple par une dissolution, et fournit au pouvoir législatif un moyen très-simple de se débarrasser de son contradicteur à la simple majorité, par une accusation de haute trahison ; qui impose au président une responsabilité personnelle égale à celle de ses ministres, et lui fait en même temps l'obligation d'obtenir le concours de l'autre pouvoir, qui peut le lui refuser ; qui entretient enfin la confusion et la stérilité dans le présent, prépare l'anarchie et la misère dans l'avenir.

Prétendrait-on que cette Constitution nous ne l'avons pas suffisamment expérimentée? Les orages de 1849 et de 1850, l'affaire Neumayer, l'affaire Changarnier, le rejet de la dotation et l'immixtion du pouvoir législatif au pouvoir judiciaire dans l'incident Mauguin, ont prouvé que les conflits prévus étaient produits naturellement par le jeu même de la Constitution. Les bienfaits de ce pacte fondamental sont restés à l'état d'espérances ; les maux seuls en sont réels.

Dira-t-on que la Constitution est innocente de ces conflits, et que la faute en est aux hommes, non aux institutions? Mais le contraire est de toute évidence. Non seulement les institutions seules nous ont donné ces fruits amers, mais tout le monde avait prévu qu'elle les donnerait. La discussion qui a précédé le vote de la Constitution ne laisse subsister aucun doute là-dessus. Il a été péremptoirement démontré que le projet de constitution «amènerait tous les con-
» flits qui ont détraqué la machine constitu-
» tionnelle, et, qu'à cet égard, il avait ac-
» cumulé tous les dangers, toutes les ano-
» malies, toutes les inconséquences »
(M. de Parieu); qu'il aboutirait « à l'anar-
» chie ou à la royauté » (M. Félix Pyat); qu'il exigeait du président « responsabilité
» sans activité, dignité sans autorité; con-
» séquence l'anarchie » (M. Théodore Bac); qu'on arriverait « à des conflits iné-

» vitables et terribles pour en avoir voulu
» éviter de moins dangereux » (M. Duvergier de Hauranne); que l'institution d'une chambre unique était « une dictature sans
» responsabilité et constituait la tentative
» la plus imprudente, la plus insensée, la
» plus funeste pour la démocratie » (M. Odilon Barrot); qu'elle était « périlleuse pour
» la tranquillité et la prospérité du pays »
(M. Victor Hugo)....

Mais, si toutes ces choses ont été démontrées, pourquoi l'Assemblée constituante a-t-elle passé outre? M. de Cormenin va nous le dire :

« Plus les pouvoirs se divisent sans s'af-
» faiblir, et plus les résistances de la liberté
» compensent les envahissements de l'au-
» torité. Les pouvoirs législatif, exécutif et
» judiciaire, se tiennent en équilibre sous
» l'œil nocturne et diurne de la presse.

« Le premier légifère, le second gou-
» verne, le troisième juge.

» Il se jalousent, c'est ce qu'il faut; ils se

» disputent, tant mieux ; s'ils crient, c'est
» qu'ils ne sont pas morts , et s'ils ne sont
» pas morts , c'est que nos libertés vi-
» vent.

» Il faut seulement que s'ils se battent,
» ils le fassent de manière que leur bruit
» nous avertisse, mais non pas de manière
» qu'ils se tuent.

» Et c'est là le difficile. Mais la presse y
» peut beaucoup. Elle y peut d'autant plus
» qu'elle sera plus libre.

» Prenez bien garde que j'ai dit la sépa-
« ration des pouvoirs : sous la monarchie
» constitutionnelle, j'aurais dit : l'*hostilité*
» des pouvoirs est la première condition
» du gouvernement. »

Ainsi la pensée des constituants a été une pensée de défiance et de division. M. de Cormenin fait entendre clairement que pour être vraiment séparés, les pouvoirs doivent être hostiles l'un à l'autre. Plus grande est l'hostilité, plus le père de la Constitution s'applaudit dans son œuvre ; mieux elle sera pratiquée, plus les pouvoirs seront jaloux, plus ils se disputeront, plus ils crieront, plus ils se battront. M. de Cormenin peut voir dans cette série de sévices l'idéal du gouvernement républicain. Les gens sensés n'y verront, avec moi, que l'anarchie toute pure.

Mais, telle qu'elle est, la théorie de M. de Cormenin mérite l'attention ; le célèbre pamphlétaire présidait la commission de Constitution ; il a rédigé les principaux articles de celle-ci ; il la connaît à fond et peut l'expliquer mieux que personne. Aussi faut-il tenir compte de la brochure de M. de Cormenin : on y trouve les arguments les plus décisifs en faveur de la révision.

IV.

LES VIEUX PARTIS.

Les vieux partis, que représentent des hommes éminents mais aveuglés par des préoccupations exclusives, confondent volontiers leur cause particulière avec la cause de l'ordre social : première erreur qui complique singulièrement la politique du jour. D'une autre part, rien n'embrouille davantage les questions que les doctrines absolues qui appliquent, bon gré mal gré, à ce mélange d'intérêts et de passions qu'on appelle les affaires, cette logique scolaire, cette mathématique des idées bonne tout au plus pour les déductions de la philosophie rationaliste.

Les monarchistes, c'est-à-dire les hommes en qui prévalent les idées d'autorité et de gouvernement unitaire, ne veulent point admettre qu'on puisse constituer un pouvoir énergique en dehors d'une certaine forme et de certaines familles; les républicains, c'est-à-dire les hommes qui veulent que la souveraineté nationale soit toujours et partout représentée par elle-même sous une forme plus ou moins stable, mais incessamment mobile, n'admettent pas de tempérament entre le gouvernement du peuple par le peuple et l'ancien absolutisme des chefs guerriers et conquérants. Tous s'appuient d'un mot très-élastique et très-controversable: le droit.

Pour les légitimistes, le droit, c'est la délégation perpétuellement héréditaire de la souveraineté nationale dans une seule famille.

Pour les orléanistes, le droit, c'est la même délégation appliquée à une famille nouvelle.

Pour les républicains, le droit c'est l'exercice de la souveraineté nationale par la souveraineté nationale elle-même.

Tous admettent cette souveraineté, nul n'en accepte les conséquences.

Les monarchistes conviennent que la souveraineté nationale a fondé la monarchie (ce qui est un sophisme), mais ils lui contestent le droit de détruire ce qu'elle a fondé, et de constituer une république.

Les républicains soutiennent que la souveraineté nationale a le droit de fonder une république (ce qui est incontestable), mais il lui contestent le droit de fonder autre chose.

Que je me tourne vers la gauche ou vers la droite, j'entends parler de *souveraineté du peuple*, de *droit national*, etc., mais je constate que personne n'y croit.

Je me trompe : deux hommes ont affirmé hautement leur foi sincère dans le principe constant de la souveraineté du peuple.

« Je mets le suffrage universel au-dessus » de la République ! » a dit M. Emile de Girardin.

« Si le peuple veut qu'on le ramène à la » monarchie, disait M. de Lamartine, il est » le maître, après tout, il est le souve- » rain. »

« S'il était vrai, s'écriait un an plus tard « cet illustre orateur, que la France ne fût « pas assez ou pas du tout républicaine, « avec quoi la contraindriez-vous à l'être ? »

Voilà deux beaux exemples de sincérité et de loyauté politique; mais leur résultat prouve que ces exemples sont des exceptions dans le pays. La déclaration faite par M. Emile de Girardin lui fit perdre toutes ses chances auprès des démocrates du département de la Seine; et aux élections générales, M. de Lamartine fut également abandonné par les républicains de Saône-et-Loire. Ni l'un ni l'autre de ces deux noms ne sortit de l'urne au jour des élections générales.

J'ai donc raison d'établir en fait que, si la grande pluralité des hommes politiques invoque la souveraineté nationale en faveur des divers partis, il n'en est pas ou presque pas qui ne la nient absolument lorsqu'elle a prononcé contre eux.

Voilà la véritable condamnation des vieux partis, parmi lesquels je range, outre les partis monarchiques, le parti des républicains de la veille, de tous le plus caduc.

Aucun ne veut s'en remettre franchement à la volonté de la France ; aucun n'admet qu'on puisse être purement et simplement *patriote* dans le vrai sens du mot, et vouloir tout uniment la grandeur, la puissance et la prospérité du pays, abstraction faite du comte de Chambord, du comte de Paris et du général Cavaignac.

On voit que jusqu'ici j'ai évité de prononcer le nom du président de la République : je dirai pourquoi tout à l'heure.

Le fait est que les dix ou douze gouvernements qui se sont succédés chez nous depuis 1789, ayant produit chacun leurs hommes, ont couvert notre sol d'une couche épaisse d'hommes politiques, espèce de gouvernement dans le gouvernement, de nation dans la nation ; armée qui compte plus de généraux que de soldats ; peuple de chefs où personne n'obéit, et qui s'est créé sous tous les régimes, un droit très singulier qui, pour ne pas avoir été inscrit dans les constitutions et dans les chartes, n'en est pas moins sérieusement reconnu : *le droit au gouvernement.* Hommes d'Etat de l'Empire, de la Restauration, du gouvernement de Juillet et du gouvernement provisoire, anciens ministres, anciens dictateurs, anciens conseillers d'Etat, anciens ambassadeurs, anciens préfets, chefs de cabinet, secrétaires, etc., etc., voilà à peu près le personnel des anciens partis : personnel brillant, honorable, expérimenté, assez nombreux pour agir sur le pays par ses discours et par ses actes, d'autres diraient par ses intrigues, mais trop restreint en réalité pour jouer plus longtemps le rôle qui n'appartient qu'à la souveraineté nationale représentée par l'universalité des citoyens. Voilà véritablement à qui nous avons affaire; voilà les hommes qui se refusent à dégager du pays les éléments de force qu'il contient, à moins que le résultat ne doive profiter à la restauration de tel ou tel candidat, de tel ou tel système.

Eh bien! ces hommes, éminents, je l'ai

déjà dit, et respectables par l'éclat de leurs services passés, ignorent une chose essentielle et qu'il faut leur apprendre; c'est que l'axe de la vieille politique est absolument changé depuis **1848.** Le suffrage universel a initié les masses à la vie publique; fait capital, irrévocable, qu'on peut oublier dans les menus détails de la vie parlementaire, mais dont il faudra se souvenir aux jours de crise. Désormais, dans les grandes journées du scrutin, comme dans la science moderne de la guerre, la victoire, doit rester en définitive aux plus gros bataillons.

Les masses n'ont, à proprement parler, aucune opinion politique, mais elles se passionnent violemment pour les questions d'ordre public, en tant que celles-ci couvrent des questions d'affaires et d'intérêts. Ainsi, l'ordre public pour assurer le travail, le crédit et les améliorations qui doivent donner à la France la vie à bon marché, voilà ce qui occupe avant tout le petit capitaliste, le petit propriétaire, le laboureur, le vigneron et l'ouvrier même socialiste. Aussi les masses ne sont ni royalistes, ni républicaines; seulement elles pourront être l'un ou l'autre, selon qu'on améliorera plus ou moins leur condition; elles seraient républicaines sous une monarchie qui ne servirait pas leurs intérêts; elles deviendront monarchiques le jour où la République sera décidément impuissante.

Mais qu'on ne compte agir sur elles d'aucune autre manière; les masses ne comprennent rien aux subtilités; elles ne voient les questions qu'en gros et se refusent à en étudier les détails. En un mot, supposez-les monarchiques, elles le seront purement et simplement, sans acception de branche aînée ni de branche cadette; supposez-les républicaines, elles le seront sans acception de système, et ne verront en tout que le résultat.

Hé bien, les masses sont prêtes depuis deux ans à appuyer résolument tout gouvernement, tout homme qui leur donnera un peu de calme, un peu de bien-être, un peu de repos, quel que soit le gouvernement ou l'homme, gouvernement de tradition ou d'aventure, d'hérédité ou de hasard, de souche royale ou de souche populaire. Si ce gouvernement ou cet homme se présente, que les vieux partis se le tiennent pour dit : les masses n'attendront pas que M. le comte de Chambord soit en mesure ni que M. le comte de Paris soit majeur. Que leur importe ? elles sont pressées.

V.

LE PRÉSIDENT DE LA RÉPUBLIQUE.

On aperçoit clairement pourquoi je n'ai pas jusqu'à présent cité le nom du président de la République : c'est que, seul en possession de la confiance légale du pays qui lui a donné le pouvoir par six millions de voix, c'est à lui seul que les partis coalisés, rouges ou blancs, autoritaires ou anarchiques, refusent ce *droit au gouvernement* qu'ils considèrent comme leur patrimoine exclusif, et qu'ils défendent avec tout l'acharnement de l'intérêt personnel.

VI.

LES VIEUX PARTIS AIMENT-ILS LA CONSTITUTION?

Poser cette question, c'est la résoudre. Les partisans avoués de la monarchie traditionnelle et héréditaire, comme ceux de la monarchie représentative et élective sont les ennemis nés de toute constitution républicaine. Cependant, en 1848, ils abdiquaient volontiers leur drapeau et se déclaraient prêts à fonder définitivement la République (1). Nous verrons tout à l'heure ce qu'ils pensaient de la Constitution au point de vue républicain.

Le parti démocratique proprement dit, gens du *National* et montagnards, ne se montrait pas plus indulgent pour la nouvelle charte de la France.

Qu'on en juge par quelques citations pri-

(1) « M. le Ministre a parlé de fonder la République. Je croyais que la République était définitivement fondée; je croyais que dans trois circonstances elle avait reçu une consécration solide et durable à laquelle nous avons tous légalement contribué; d'abord le 4 mai, le jour où, à la face de toute la population de Paris, nous avons tous ensemble été sur le péristyle de ce palais, acclamer la République; puis le 15 mai, le jour où nous sommes sortis de cette enceinte envahie pour aller chercher les factieux à l'Hôtel-de-Ville. Enfin le 23 juin, quand de tous les départements accoururent les gardes nationales, apportant quoi? des argumentations? non; des défiances? non; des récriminations? non; mais le plus pur de leur sang...... J'entends tous les jours parler des partis royalistes; je suis persuadé, quant à moi, qu'ils n'existent plus, et je ne crois pas qu'ils puissent jamais donner lieu à un débat sérieux.»

(M. DE FALLOUX, séance du 16 septembre 848.

ses au hasard parmi les discours et les articles de journaux de toutes les couleurs.

Sur l'institution de la chambre unique :

« La chambre unique est quelque chose » de plus simple, dit-on ; vous avez raison, » répondent-ils, mais rien n'est plus simple » que le despotisme. Le maître commande, » on obéit, et tout est fini. Cette objection, » qui n'était pas celle dont nous avions été » le plus frappé, a acquis une grande importance par le discours de M. de Lamartine, qui, en défendant son système, a » fourni à ses adversaires une arme que » M. Odilon Barrot a victorieusement retournée contre lui. » (*Presse*, 28 septembre 1848.)

— « Il s'agit de savoir si vous allez constituer une dictature, non pas celle d'un » homme, mais une dictature collective, » dictature sans responsabilité. C'est la tentative la plus imprudente, la plus insensée, la plus funeste pour cette démocratie

» que vous voulez constituer; c'est le plus » grave danger qu'elle puisse courir. » (M. Odilon Barrot, séance du 27 septembre 1848.)

— « Je sais, Messieurs, qu'aux yeux de » certains démocrates, si le despotisme est » détestable quand c'est un homme ou une » classe qui l'exerce, il n'en est pas ainsi » quand le despotisme est exercé par une » assemblée : le despotisme d'une assem» blée lui semble au contraire excellent. » Ils disent, pour légitimer cette opinion, » que l'Assemblée étant le produit de l'élec» tion du peuple, si elle exerce le despo» tisme, c'est avec l'assentiment du peuple. » Ce raisonnement n'a qu'un tort : car enfin » il y a toujours une majorité et une mi» norité, et, par le fait, la minorité se trouve » étouffée... Mettez tous la main sur votre » conscience et demandez-vous si une as» semblée unique et omnipotente se lais» sera jamais arrêter par un article de ré» glement. » (M. Duvergier de Hauranne, séance du 25 septembre 1848.)

Sur l'institution de la Présidence :

— « M. de Parieu a prouvé qu'avec le pré-
» sident on devait arriver forcément, fa-
» talement, à tous les conflits qui ont dé-
» traqué la machine constitutionnelle, et
» que le projet de Constitution, à cet égard,
» avait accumulé tous les dangers, toutes
» les anomalies, toutes les inconséquences.
» Ainsi, à un homme dépendant on a créé
» un pouvoir fort, et puis on l'entoure de
» chaînes fragiles en lui disant : Tu ne te
» débattras pas sous ces liens. La lutte est
» inévitable, et, comme le pouvoir exécutif
» ne peut ni se retirer ni dissoudre l'Assem-
» blée, il ne lui reste que la force, c'est-à-
» dire que de toute façon on aboutit à une
» révolution. » (La *Presse*, 6 octobre 1848.)

— « Un pouvoir exécutif indépendant
» du pouvoir législatif, c'est l'anarchie ou
» la royauté. Le président nommé par le
» suffrage universel aura une énorme puis-
» sance. L'élection est plus forte que le
» droit divin. Il dira, s'il est ambitieux :
» moi, je suis mieux élu que vous ; je repré-

» sente plus de suffrages, je représente » mieux le peuple. Je suis plus que vous. » (M. Félix Pyat, séance du 5 octobre 1848.)

— « Un autre danger de ce système m'a » été révélé par le remarquable discours » de M. de Tocqueville. Notre honorable » collègue nous a montré au-dessous du » président de la République un conseil » sans lequel il ne pourrait agir, en dehors » de lui une Assemblée qui le dominerait. » Et cependant M. de Tocqueville veut un » président responsable ! Responsabilité » sans activité, dignité sans autorité, voilà » tout le système que l'on nous propose, » et ce système nous conduirait nécessai- » rement à l'anarchie. » (M. Th. Bac, séance du 7 octobre 1848.)

— « Vous voulez la simplicité pour évi- » ter les conflits : mais des conflits, il pourra » y en avoir entre le président de la Répu- » blique et l'Assemblée. Vous dites que les » pouvoirs seront soigneusement séparés : » mais ils se toucheront toujours par mille

» points, et, pour n'en citer qu'un, les mi-
» nistres nommés par le pouvoir exécutif
» n'auront-ils pas besoin de recevoir la
» sanction de l'Assemblée nationale? Que
» devient alors votre unité? Que devient
» alors votre simplicité? Vous aurez des
» conflits inévitables et terribles, pour en
» avoir voulu éviter de moindres. » (M. Duvergier de Hauranne, *loc. cit.*)

On est allé plus loin: la valeur morale de la Constitution a été mise en doute:

—« La Constitution une fois faite, s'écriait
» M. Ledru-Rollin, il faudra bien rétablir
» la presse. La presse vous dira que la Con-
» stitution n'a pas été délibérée librement. »

— « Plus nous avançons dans l'œuvre de
» la Constitution, ajoutait M. Victor Hugo,
» plus je suis convaincu de l'inconvénient
» de discuter la Constitution en l'absence
» de la liberté de la presse. Je redoute que
» dans l'avenir la Constitution que vous

» discutez aujourd'hui ne soit moralement » blessée. » (Séance du **12** octobre **1848.**)

Un montagnard connu, **M. Deville**, présentait, au grand scandale du président M. Marrast, l'amendement suivant destiné à remplacer le préambule de la Constitution :

« En présence de Dieu, sous le règne de » l'état de siége destructif de toute liberté » et spécialement de la liberté de la presse » qu'il supprime, qu'il suspend à volonté ; » sous le régime de l'autorité militaire qui » n'a aucune connaissance des besoins de » la société ; qui, par son existence seule, » comprime avec l'esprit public la mani- » festation de toutes les idées, de toutes les » vérités si utiles à répandre au moment où » vont se discuter les bases de la Constitu- » tion ; sous ce régime inintelligent, expé- » ditif, juste effroi des citoyens qu'il peut » arrêter sans formes, sans limites, enlever » à leurs juges ordinaires et livrer aux con- » seils de guerre ; au nom du peuple fran-

» çais, et cédant à la compression qui pèse » sur Paris, l'Assemblée nationale pro- » clame, etc. » (Séance du 7 septembre 1848.)

. . . .

Et pour prouver qu'on était libre, M. Marrast refusait de donner lecture de cet amendement mémorable que le *Moniteur* a recueilli.

Veut-on savoir avec quel respect cette Constitution était traitée par ceux qui la défendent aujourd'hui?

« L'article 37, déclarant que chaque re- » présentant reçoit une indemnité, a été » voté avec la plus admirable unanimité, » malgré l'observation de M. Morin, qui a » osé dire que ce n'était pas là un principe » fondamental. Les murmures d'une partie » de l'Assemblée lui ont appris à mieux dis- » tinguer entre les questions celles qu'il con- » vient de jeter dans le sac des lois organi- » ques, et les 25 francs ont été déclarés

» l'une des bases de notre Constitution et
» l'un des éléments de notre prospérité
» future. » (*La Presse.*)

La Constitution fut votée par 730 voix contre 30.

Les 30 voix qui la repoussèrent étaient celles de :

MM. Benoît, *Berryer, Bouhier de l'Ecluse*, Bravard-Toussaint, Brives, Bruys (Amédée);

Cholat, Crespel de la Touche;

Defontaine, Denoize, Deville, Douze;

Favreau;

Gambon (Ferdinand), Greppo;

Victor Hugo;

Joigneaux;

Antoine Harduin, Lefranc (Pyrénées-Orientales), C. Lubbert;

Montalembert;

Pelletier, *Pierre Leroux*, *Proudhon*, de Puységur, *Pyat;*

Raspail (Eugène), *de La Rochejaquelein;*

De Sesmaisons.

M. Victor Hugo crut devoir expliquer son vote négatif par la lettre suivante adressée au *Moniteur* :

« L'institution d'une assemblée unique
» me paraît si périlleuse pour la tranquil-
» lité et la prospérité du pays que je n'ai
» pas cru pouvoir voter une Constitution
» où ce germe de calamités est déposé.

» Je souhaite profondément que l'avenir
» me donne tort.

» Agréez, etc.

» Paris, 5 novembre 1848.

» Victor Hugo. »

M. de Tinguy, absent au moment du vote, écrivit aussi au *Moniteur* pour déclarer qu'il aurait voté contre la Constitution, œuvre *illogique et illibérale.*

« La Constitution est votée, s'écriait « M. Emile de Girardin ; la discussion a » duré cinquante jours. Quelle vive lu- » mière a jailli de cette longue discussion? » Un temps si précieux ne pouvait-il donc » recevoir un plus utile emploi ? »

Voici en quels termes formels un journal qui a conquis une certaine renommée, *l'Événement*, attaquait la Constitution nouvelle :

« La loi moderne, telle que l'a inaugurée » douce et charmante l'aurore de 1789, » devrait être une loi consentie, une loi » libre, une loi fraternelle.

« Or, la Constitution de 1848 est-elle d'a- » bord une loi consentie?

« On ne sait : car la sanction de la France

» a été écartée ; car l'Assemblée a jugé l'ap-
» pel au peuple sur une aussi grave ques-
» tion inutile ou même dangereux.

« La Constitution de **1848** est-elle davan-
» tage une loi libre?

« Tout ce qu'on peut répondre, c'est que
» sur plus d'un point elle limite le droit
» du peuple et règle l'exercice de sa sou-
» veraineté. Elle lui dit, par exemple : Tu
» ne choisiras pas un président qui ait
» moins de trente ans ; tu n'iras point le
» chercher parmi les membres exilés des
» races royales, tu ne pourras le réélire
» qu'après un intervalle de quatre an-
» nées, etc.

» Une Constitution qui admet dans le
» droit public des négations et des exclu-
» sions peut-elle être réputée libre ? » (*Événement* du 6 novembre **1848**.)

Enfin, la Constitution fut solennellement proclamée dans une fête publique, le **18** novembre **1848**. On se rappelle encore par quelle nuée de sarcasmes la cérémonie constitutionnelle fut accueillie. Les journaux s'en donnèrent à cœur joie : jamais la loi suprême d'un grand peuple n'avait été saluée par des acclamations plus ironiques et plus dérisoires.

Écoutons d'abord *l'Assemblée nationale :*

« L'expression d'inquiétude, d'indifférence, de découragement, qui se distinguait sur le visage des acteurs et des spectateurs, le morne silence qui régnait dans la foule, tout semblait exprimer la défiance qui trouble les esprits.

» Les promesses de chartes et de constitutions ne rencontrent plus que des incrédules. Il faut maintenant des actes et non des mots. La nation est arrivée à ce point qu'elle échangerait les plus magnifiques espérances pour la plus mesquine réalité.

» La plus belle fête à donner au peuple aujourd'hui serait de lui allouer un pouvoir fort, désintéressé, durable, etc., etc. »

La République du citoyen Bareste :

« Du décor, oui ; c'est cela et pas autre » chose ; de la rhétorique en peinture à l'a- » dresse du peuple, des mots sonores, du » faux marbre, du faux bois, de l'or faux, » puis le creux, le vide et la stérilité. Les » choses sont à l'image des idées. » (13 novembre 1848.)

La Presse :

« Le gouvernement veut une fête ! ! ! Une » fête parce qu'on vient d'inscrire une » Constitution à la suite de toutes celles » qu'on a proclamées depuis soixante ans » et dont pas une n'a résisté au souffle des » révolutions ! ! ! Une fête ! ! ! La France souf- » fre, le présent l'écrase, l'avenir lui fait » peur. Vous croyez que la Constitution va » la relever de son abattement, rendre le » calme aux esprits, le mouvement aux af- » faires, donner enfin ample satisfaction à » tous les intérêts moraux et matériels com- » promis? Nous vous envions ces douces il-

» lusions. Ce soir le canon tonne aux Inva-
» lides. C'est *le National* qui annonce ainsi
» à la France qu'elle a une nouvelle Con-
» stitution ! » (5 novembre 1848.)

L'Evénement va plus loin : il se moque de la République :

« Ah ! quand la République ne nous eût
» fait que cette seule joie, qui voudrait à
» cette heure ne pas bénir sa venue ? Quel
» partisan des dynasties tombées, quel en-
» thousiaste des monarchies et des empi-
» res, pourrait ne pas sentir son cœur se
» gonfler, ses yeux s'emplir de larmes ré-
» publicaines, à ce spectacle unique dans
» l'histoire : M. Armand Marrast, ancien
» maître d'études, ex-rédacteur en chef du
» *National de* 1834 proclamant la Consti-
» tution de la France ! » (*L'Evénement* du 7 novembre 1848.)

Assez de citations. Nous avons établi notre thèse. La Constitution peut trouver des défenseurs plus ou moins intéressés. Elle n'a pas un ami.

VII.

STATISTIQUE DE L'OPINION RÉVISIONNISTE.

Avant de rechercher pourquoi les vieux partis défendent une Constitution qui leur est odieuse, il importe d'écarter l'objection qu'on pourrait tirer de la nomination d'une commission révisionniste par les bureaux de l'Assemblée. Il est très vrai que la majorité des commissaires élus s'est prononcée pour la révision : quelle est l'importance de ce fait?

Le nombre des votants dans les bureaux a été de 594. Les votes se sont répartis comme il suit :

Pour la révision,	328 voix.
Contre,	266 voix.

Mais l'Assemblée se compose de 750 membres et la Constitution exige les trois quarts des voix ; soit une majorité de 562 voix contre 188. Il y a donc entre la majorité obtenue et la majorité nécessaire une différence de 234 voix.

Relativement au nombre des votants, la majorité révisionniste n'a été que de 62 voix ; la minorité contre révisionniste ayant obtenu 266 voix, compte déjà 78 voix de plus que la Constitution n'en exige pour empêcher la révision.

En réalité, la révision n'a donc obtenu

que 62 voix là où la non révision en compte 78. Voilà les vrais termes de la question. D'ailleurs, 328 voix, ce n'est pas même la moitié des votes de l'Assemblée. Dans l'état actuel de l'Assemblée, la Révision serait donc impraticable.

Mais il ne faut même pas compter sur les 328 voix qui se sont prononcées dans les bureaux pour la révision. Un certain nombre de révisionnistes imposent à leur concours la condition préalable du rappel de la loi du 31 mai ; d'autres ont imaginé *la révision totale*, qui est à la fois une chimère, et une illégalité.

Donc, pour le moment, il n'y a pas de majorité révisionniste dans l'Assemblée (1).

---

(1) Je ne me repais point d'illusions, et je dis la vérité toute nue. Il est bien évident que si la Révision ne souffrait point d'obstacles, le présent écrit n'offrirait aucune utilité.

VIII.

POURQUOI LA MAJORITÉ S'OPPOSE-T-ELLE A LA RÉVISION ?

Mon but n'est pas d'outrager les partis ni les hommes ; j'écarte donc de la discussion tout ce qui pourrait l'irriter. Mais je crois dire une chose très vraie en affirmant que la majorité refuse de réviser la Constitution, parce qu'elle se défie de la souveraineté nationale.

En d'autres termes et pour parler de plus en plus nettement, la majorité est persuadée que le résultat infaillible de la révision serait de continuer le pouvoir entre les mains du prince Louis Napoléon Bonaparte; et j'ajoute, avec la même sincérité, que la majorité voit juste.

Oui, si le peuple est laissé à lui-même, à ses sympathies, à ses instincts, si l'on dégage sa volonté des chaînes qui l'entravent, il réélira le président de la République, à une immense, à une irrésistible majorité.

L'Assemblée le prévoit, et s'y oppose.

Dans quel intérêt?

Ici l'examen devient complexe, car l'intérêt dont il s'agit est complexe lui-même; le mobile qui fait agir les légitimistes et les orléanistes n'a besoin que d'être indiqué. Ils craignent la durée d'un pouvoir qui, tout en leur demandant leur concours comme représentants du peuple, n'a pu exiger d'eux le sacrifice de leurs affections; ils craignent, en un mot, que, sous la main ferme du président et sous l'immense autorité de son nom, la République ne se consolide par l'affaiblissement des souvenirs monarchiques, par la contagion des mœurs démocratiques et par la compression définitive de la démagogie.

Or, si c'était là par hasard ce que la France désire, non pas peut-être par ferveur républicaine, mais par une vague méfiance des institutions du passé et par un légitime besoin de repos, l'opposition des partis monarchiques, très convenable et très logique si l'on admet pour bonne la logique des partis, est dans le fond très peu patriotique, très imprudente, et détruira promptement la faible popularité qu'ils s'étaient conquise par leur résistance aux hommes et aux choses de février.

Je sais que les partis monarchiques voudraient réserver toutes choses jusqu'au jour où tout serait prêt pour une restauration ; mais ce jour est peut-être bien éloigné. Les fusionnistes pensent-ils pouvoir réserver jusque là je ne dis pas l'avenir, mais la vie du pays ?

Ceux qui tenteraient de le faire prouveraient qu'ils mettent leurs convictions au-dessus de l'intérêt du pays, et leur politique se résumerait en ces mots : « Périsse la France plutôt » que nos principes. »

— « Mais nos principes peuvent seuls sauver » la France ! » s'écrient-ils. Malheureusement, l'expérience de 1789, de 1814 et de 1830 prouve que la monarchie héréditaire n'est plus une garantie de stabilité parce que la foi monarchique est anéantie ; et jusqu'à ce qu'elle ait reparu, il faut bien s'accommoder d'autre chose...

M. de Montalembert a dit avec un grand sens politique : « Il n'y a de légitime que ce qui » est possible. » Or, rien n'est plus impossible aujourd'hui que le rétablissement de la monarchie héréditaire et traditionnelle.

Les légitimistes n'en conviennent point ; et par la proposition d'une révision totale, ils appellent hautement la France à prononcer entre la Monarchie et la République. Quant à moi, je me rangerais de grand cœur à cet appel suprême; et si les républicains de l'Assemblée avaient une foi sincère dans la République et un véritable respect pour la souveraineté nationale, ils iraient au-devant de la proposition.

Mais j'ai voulu rester jusqu'à présent et je resterai jusqu'au bout sur le terrain de la légalité; voilà pourquoi j'écarte pour aujourd'hui la proposition de révision totale qui, de tous les modes inconstitutionnels de réviser la Constitution est le plus illégal. Réviser n'est pas renverser; corriger n'est pas détruire ; or, réviser une Constitution républicaine pour la transformer au besoin en une charte monarchique, ce n'est pas une révision, c'est une révolution.

De quelque façon que vous vous y preniez pour transformer la République en monarchie, c'est une révolution. Je ne dis pas que le peuple français n'ait pas le droit d'accomplir cette révolution, mais évidemment ce ne sera jamais sur le terrain d'une Constitution républicaine. Donc toutes les objections qu'on peut diriger contre la révision illégale atteignent la révision totale. Revenons-en donc à la révision pure et simple, qui est le seul terrain solide sur lequel nous puissions marcher.

Résumons-nous :

A peu d'exceptions près, les partis désirent, au fond du cœur, la révision de la Constitution : les légitimistes, parce qu'ils espèrent poser devant une assemblée constituante la fameuse question de M. de Larochejaquelein ; les orléanistes d'accord en cela avec les légitimistes, parce qu'une fois le rétablissement de la monarchie voté par une Constituante, ils garderaient la chance de l'emporter sur leurs alliés quant à la désignation de la personne ; enfin les montagnards les plus résolus à garder la Constitution de 1848 y toucheraient volontiers pour abolir l'institution de la Présidence. Une seule fraction de l'opinion, celle que représentent dans le parlement le général Cavaignac et dans la presse *le Siècle* et *le National*, demande le *statu quo* absolu, dans le but apparent de fortifier la République en donnant à la France le spectacle de la transmission régulière du pouvoir exécutif, et dans le but réel de faire triompher les principes et les hommes si complétement battus le 10 décembre 1848.

Evidemment, ce dernier parti fait preuve de sens politique et pratique ; les partis monarchiques et conservateurs qui l'appuient directement ou indirectement en s'opposant à la révision, font preuve de démence.

IX.

DE LA RÉVISION EN ELLE-MÊME.

En dehors du classement des partis, il reste toute une série d'hommes, et des plus éminents, qui ne se prêtent à la révision qu'avec une certaine répugnance, et qui n'envisagent qu'avec effroi la prolongation des pouvoirs du président de la République. Ces hommes, ce sont les parlementaires proprement dits, pour qui la forme extérieure des Gouvernements est chose indifférente, pourvu qu'elle s'appuie essentiellement sur des assemblées délibérantes. J'avoue, en toute franchise, qu'ils ont cru trouver dans le président de la République un ennemi du gouvernement parlementaire.

Ces hommes honorables se trompent : l'ennemi du gouvernement parlementaire, l'auteur des crises de 1849 et de 1850, depuis le message du 31 octobre jusqu'à la destitution du général Changarnier, ce n'est pas le président de la République : c'est la Constitution.

« L'hostilité des pouvoirs est la première » condition d'un gouvernement libre » pensait M. de Cormenin ; et sur cette donnée il a rédigé la Constitution. La Constitution a fonctionné; les deux pouvoirs se sont heurtés ; à qui la faute ? Le président de la République, fort de six millions de suffrages, animé du sentiment de la responsabilité morale et de la responsabilité légale qui pèsent sur sa tête, ne pouvait jouer le rôle de commis du pouvoir parlementaire. D'un autre côté, l'Assemblée nationale, investie de la plénitude du pouvoir législatif, armée de prérogatives énormes, pouvant mettre le président de la République en accusation pour cause de dissentiment politique, nommant le vice-président de la République, nommant le conseil d'Etat, pouvant requérir, sous la simple responsabilité de son président rendue illusoire par l'irresponsabilité de l'assemblée qui le couvre, d'importantes forces militaires, a pu se faire illusion sur l'étendue de son pouvoir, et se considérer comme l'unique organe de la souveraineté nationale, tandis qu'en réalité, la Constitution ne lui accorde que la plénitude d'une fonction.

Écoutons encore sur ce chapitre M. de Cormenin :

« La nation ne délègue jamais sa souveraineté,
» qui est sa vie et son être; elle ne délègue que
» ses pouvoirs.....

» D'un côté, obsédés par la routine et faibles
» sur la pente qui les entraîne vers la domina-
» tion, les meneurs de la chambre actuelle ont
» complaisamment interprété dans le sens de la

» gouvernocratie parlementaire les questions
» douteuses du pouvoir. Et d'un autre côté,
» poussant plus loin cette interprétation, plu-
» sieurs républicains, du dehors, et des plus sin-
» cères, non-seulement veulent subordonner le
» pouvoir exécutif au pouvoir législatif, mais
» encore ils demandent que le pouvoir exécutif
» soit concentré dans l'Assemblée pour qu'il y
» ait plus d'unité, disent-ils, unité qui existe-
» rait de droit, puisque le pays est un; unité
» qui, en fait, empêcherait toute collision de
» pouvoirs, en mettant l'exécution en concor-
» dance avec la volonté.

» Voilà l'objection dans toute sa simplicité,
» c'est-à-dire dans toute sa force.

. . . .

» Pour moi, je suis contre l'omnipotence
» simple qui veut traîner le gouvernement à
» sa remorque, et contre l'omnipotence ren-
» forcée qui veut absorber le gouvernement
» dans son sein.

» L'un et l'autre de ces systèmes me semble
» *contraire à la Constitution* et fatal à la li-

» berté. Plutôt vaudrait le gouvernement direct » du peuple, que le gouvernement d'une assem- » blée ; car j'aime encore mieux ce qui est im- » possible que ce qui est odieux. »

M. de Cormenin aurait raison, si, en organisant soigneusement le pouvoir législatif et le pouvoir exécutif, il avait établi le *gouvernement* quelque part. Mais la fonction de rédiger et de voter les lois n'est pas essentiellement une fonction gouvernementale ; la fonction même d'exécuter des lois n'est qu'une fonction de gouvernement et n'est pas le gouvernement même. On peut concevoir telle combinaison politique où le pouvoir législatif simple et le pouvoir exécutif simple soient tout-à-fait distincts du droit de gouverner. Il y avait sous la Convention un pouvoir exécutif; qui est-ce qui gouvernait ? Le comité de salut public. Il y avait sous l'Empire un corps législatif. Qui est-ce qui gouvernait ? L'empereur.

Donc, la Constitution de 1848 qui a donné à l'Assemblée le pouvoir législatif simple et au président de la République le pouvoir exécutif simple, n'a pas institué de gouvernement. Mais un pays ne marche pas sans gouvernement; le président de la République et l'Assemblée ont étendu la main pour saisir le gouvernail que la Constitution n'avait confié à personne; et dès lors les conflits ont commencé.

Encore une fois qui avait tort?

Le président? Non. Son devoir lui commandait de gouverner, sous peine de voir la France périr entre ses mains. L'Assemblée? non; elle obéissait à la nature de son institution; et d'ailleurs l'insuffisance calculée de la Constitution lui permettait de se faire illusion sur ses droits.

La Constitution a fait tout le mal. La Constitution doit être révisée.

X.

INCONSTITUTIONNALITÉ DE LA CONSTITUTION.

En admettant, parce qu'il faut l'admettre, qu'un respect excessif soit dû à une Constitution née de l'initiative de 900 représentants élus sous la pression des commissaires du gouvernement provisoire et votée par ces représentants sous l'empire de l'état du siége, il est cependant naturel et permis d'employer contre elle les moyens de révision et d'abrogation fournis par elle et tirés de son sein.

Ces moyens sont de deux espèces : les uns, de droit général, découlent du préambule de la Constitution, les autres purement de procédure, sont établis par l'article 111.

En droit républicain, l'article 45 et l'article 111 de la Constitution sont entachés d'une nullité radicale. Est-il vrai, comme le dit M. de Cormenin et comme nous penchons à le croire, que toute la Constitution, du moins l'essentiel, soit contenue dans les phrases qui suivent :

« La souveraineté réside dans l'universalité
» des citoyens; elle est inaliénable et impres-
» criptible. Aucun individu, aucune fraction du
» peuple ne peut s'en attribuer l'exercice. — La
» France est une république. — Le suffrage est
» direct et universel. — Le peuple français dé-
» lègue le pouvoir législatif à une assemblée
» unique et le pouvoir exécutif à un président.»

Est-il vrai, comme le dit encore M. de Cormenin, que le reste ne soit « qu'accompagnement? »

Hé bien ! sans nous prononcer sur le mérite de la mélodie, nous démontrerons facilement que l'accompagnement est faux.

Si la souveraineté réside dans l'universalité des citoyens et qu'elle soit inaliénable et imprescriptible, comment l'universalité des citoyens n'aurait-elle pas le droit de donner ses suffrages à un citoyen qui a sa confiance ? Effacez donc de votre accompagnement l'article 45 ; car si l'Assemblée constituante avait eu le droit de l'édicter, l'universalité des citoyens aurait aliéné sa souveraineté dans les mains de ses mandataires. Que si vous admettez, contre toute logique, que cette universalité ait pu aliéner temporairement sa souveraineté, vous êtes contraint d'avouer qu'elle n'a pas à tenir compte de cette aliénation, puisque sa souveraineté a le privilége d'être imprescriptible. Direz-vous que les électeurs de 1852 sont enchaînés par les électeurs de 1848 ? Mais alors la souveraineté serait aliénable et prescriptible, et la monarchie se leverait immédiatement pour tirer la conclusion.

Il en est de même de l'article 111. S'il

suffit d'une minorité de 188 voix pour empêcher l'exercice le plus élevé de la souveraineté du peuple, qui est de modifier le mode de son gouvernement, ce n'est plus la majorité qui gouverne, le suffrage universel devient un non sens, et la Constitution aussi, car la minorité serait souveraine ; et si l'universalité des citoyens doit se courber devant une minorité de 188 voix, il y a quelque part un souverain qui n'est pas le peuple et qui n'est pas même pas l'Assemblée. Si la minorité parlementaire peut faire la loi au pays, de quel droit avez-vous aboli le pays légal et le gouvernement monarchique qui le représentait légitimement? Cette minorité de 188 voix imposant ses volontés à la France, c'est précisément, permettez-moi de vous le dire, *le pays illégal*.

En deux mots comme en quatre, l'article 45 et l'article 111 sont attentatoires au principe de la souveraineté du peuple. Le bon sens le dit; et pour ceux des lecteurs à qui cette autorité ne suffirait pas, en voici une autre, en voici beaucoup d'autres:

« Je crois que poser quelques limites au

» choix du peuple dont nous avons déclaré la » souveraineté, c'est faire une usurpation sa- » crilége et nous mettre en contradiction évi- » dente avec le principe du gouvernement » voulu et accepté par la majorité de la nation. » Puisque nous avons décidé qu'il serait fait » appel au peuple, nous devons le laisser maî- » tre de son choix. Il ne peut être permis à » nous, qui ne sommes qu'un pouvoir secon- » daire, de limiter le pouvoir supérieur du » peuple. » (Discours de M. Beslay, séance du 10 octobre 1848.)

— « Vous ne serez forts contre les préten- » dans que quand vous pourrez dire que le » peuple qui pouvait les élire ne les a pas » élus. » (M. Lacaze, séance du 10 octobre 1848.)

— « Avec un peuple tel que le peuple fran- » çais, une exclusion est une désignation. » (M. Coquerel, séance du 10 octobre 1848.)

— « Je propose l'amendement suivant : « Le président de la République est élu pour » quatre ans et est rééligible à l'expiration de

» ses fonctions. Il ne l'est une seconde fois » qu'après un intervalle de quatre années. »— » Mon amendement est un hommage rendu » au principe et à la souveraineté du suffrage » universel. » (M. de Kerdrel, séance du 10 octobre 1848.)

— « La Constitution de 1848 est-elle une » loi libre? tout ce qu'on peut répondre, c'est » que, sur plus d'un point, elle limite le droit » du peuple et règle l'exercice de sa souveraineté. Elle lui dit par exemple : Tu ne choisiras pas un président qui ait moins de trente » ans; tu n'iras point le chercher parmi les » membres exilés des races royales; tu ne » pourras le réélire qu'après un intervalle de » quatre années, etc. Une constitution qui admet dans le droit public des négations et des » exclusions peut-elle être réputée libre? » (*L'Evénement* du 6 novembre 1848.)

— «Je propose de substituer dans le projet de » la commission à ces mots : « Aux trois quarts » des suffrages, « ceux-ci : « Aux deux tiers » des suffrages. » Messieurs, j'appelle sur cette » proposition toute l'attention de l'Assemblée.

» Sous un apparence modeste, mon amende-
» ment cache une très-grave question. Je com-
» prends que la Constitution ne doive pas être
» révisée à la légère; mais il ne faut pas non
» plus se condamner à une immobilité fatale,
» car nous ne pouvons la croire parfaite. Au
» moment où la Constitution va être donnée au
» peuple, ce n'est pas à un représentant du
» peuple à venir prononcer ici des paroles qui
» puissent affaiblir le respect et l'obéissance
» dus à cette Constitution; mais il est impos-
» sible que nous n'ayons pas tous des inquié-
» tudes..... Une révision peut être jugée bientôt
» indispensable. La Commission s'est préoc-
» cupée surtout d'empêcher les révisions trop
» légèrement ordonnées. Il me semble qu'elle
» n'a pas assez songé à l'inconvénient de les
» rendre trop difficiles... Je n'ajoute qu'un mot.
» Il peut exister dans la Constitution quelque
» disposition qui soit un danger pour la Répu-
» blique. Ne rendez donc pas la révision im-
» possible; songez qu'en exigeant les trois
» quarts des voix, vous pouvez mettre la majo-
» rité à la merci d'une minorité violente, d'au-
» tant plus violente qu'elle sera plus faible. Il

» y va de l'avenir de la Constitution. » (M. de Kerdrel, séance du 23 octobre 1848.)

Je suis donc d'avis avec M. Beslay que l'Assemblée constituante, en posant des limites au choix du peuple, a commis une usurpation; avec *l'Événement*, qu'une Constitution qui admet dans le droit public des exclusions pareilles ne peut pas être réputée libre; et, avec M. Coquerel, que les auteurs de la Constitution ont mal rempli leur but, parce qu'une exclusion est une désignation. Ma conclusion est donc la même que celle de M. Berryer (1): je pense qu'il faut réviser au plus tôt l'article 45, afin d'avoir une élection régulière au lieu de l'élection inconstitutionnelle qui aurait infailliblement lieu.

Mais comment réviser cet article 45 et tant d'autres, puisque l'article 111 impose à la révision des conditions impraticables, puisqu'il la met, comme dit M. de Kerdrel, à la merci d'une

(1) Séance de la commission de révision du samedi 14 juin 1851. « M. Berryer déclare que la République n'est pas un bon gouvernement pour le pays et que sa pensée dominante, en demandant la révision, était d'éviter la réélection inconstitutionnelle du président de la République. » (*Messager de l'Assemblée*).

minorité violente, d'autant plus violente qu'elle sera plus faible devant le vœu unanime du pays ?

Enfin, comment arriver à la révision légale ?

Cela n'est pas mon affaire. La responsabilité de la révision pèse sur l'Assemblée ; laissons la lui. Il me suffit d'avoir démontré les vices et les périls de la Constitution, d'avoir signalé l'égoïsme des partis qui empêche qu'on ne la révise, et les dangers de toute sorte accumulés au bout de la session actuelle si les partis ne se ravisent pas.

Il n'appartient qu'aux représentants d'épargner à la France une grande crise ; ils le peuvent par le désintéressement, par l'abnégation, par la concorde ; ils le peuvent, les uns en oubliant qu'ils sont les hommes de la monarchie, et en ne se ressouvenant que d'une chose, c'est qu'ils sont les hommes de la France, et qu'en la servant ils serviront encore, sinon les intérêts immédiats, du moins les nobles intentions des princes exilés, à qui elle tiendra compte de leur généreux patriotisme ; les autres, les démocrates, se rappelleront que la République n'existe pas sans la souveraineté du peuple, et que la souveraineté du peuple est enchaînée par Constitution de 1848.

Le rôle du pays est également simple. Puisqu'il veut la révision, qu'il ne cesse de la demander par toutes les voies légales. Qu'il pétitionne de toutes les manières, sur le bureau de l'Assemblée comme dans la presse, et dans la prochaine session des conseils-généranx. Nous avons la confiance que sa voix sera entendue.

Sinon... Nous allons dire ce qui arrivera si l'Assemblée méconnaissait, ce qui nous paraît impossible, le vœu solennel du pays.

Mais, avant, il nous reste à examiner une question incidente, qui pourrait devenir capitale si on n'en prévenait pas les suites. Je veux parler de la loi du 31 mai 1850.

XI.

LA LOI DU 31 MAI 1850.

Je ne suis pas un admirateur fanatique de la loi du 31 mai ; je sais qu'elle a frappé un grand coup dans les circonstances où elle fut votée ; mais si elle a fait quelque bien, c'est à la façon de ces médicaments terribles qui soulagent le malade pendant une heure, et accélèrent sa fin.

Le malade ici, ce sont les vieux partis, et la loi du 31 mai a très-visiblement accéléré leur chute.

Qu'on me permette de réimprimer ici ce que j'écrivais en 1850 dans le journal départemental dont la direction m'était confiée. Nous étions alors sous le poids des évènements. L'élection de Paris venait de terrifier la France.

Grenoble, 8 mai 1850.

« Il y a un peu plus de deux ans une révolution s'annonçait aux cris de : *Vive la réforme!* Il s'agissait alors d'élargir le droit électoral, subordonné au paiement de 200 francs de contribution directes.

« Aujourd'hui le suffrage universel fonctionne; il a nommé deux assemblées et un président de la République. Cependant, une réforme électorale est aussi à l'ordre du jour.

« Il n'y a aucun parallèle à établir entre ces deux situations : la réforme proposée aujourd'hui est d'une importance beaucoup moindre que la réforme demandée en 1848. Il s'agissait alors, même pour les plus modérés des pétionnaires, de briser le cadre d'une loi fondée sur la propriété, pour y introduire les capacités dépourvues de garanties sociales. Le pouvoir fut effrayé; d'autres diront s'il fut ou non habile dans sa résistance, mais tout homme de bonne foi conviendra qu'il y avait lieu d'attendre et de réfléchir.

« Mais, en 1850, le problème a perdu toute son importance ; un changement radical de système a tout simplifié.

« Barnave disait, aux applaudissements de la première Assemblée nationale : *L'électorat n'est pas un droit, c'est une fonction.* De là découlait la possibilité, la nécessité même d'une garantie ; or, quelle autre garantie que le cens ? Le célèbre orateur dauphinois, s'il vivait encore, serait donc classé parmi les réactionnaires les plus entêtés ; et *le Patriote des Alpes* (1), l'appellerait jésuite, car jamais Barnave n'eût admis le suffrage universel sans conditions de cens, qui fait de l'électorat un droit naturel au lieu d'une fonction.

« La réforme qu'élabore en ce moment la commission des dix-sept, fondée sur le respect scrupuleux de la Constitution, n'apportera que des modifications insensibles à l'état de choses qui nous régit depuis 1848. Nous connaissons la haute sagesse et la prudente sagacité des hommes éminents que s'est adjoint M. Baroche ; elles nous rassurent contre tous entraînements de leur part.

« Il est à désirer, sans doute, que les destinées du pays ne puissent pas être compromises au gré

(1) Journal démagogique récemment supprimé par un arrêté du général Castellane.

d'hommes sans aveu, sans ressources et sans domicile. Les bohémiens de Paris, c'est-à-dire les soixante mille individus dont M. Frégier a composé son ingénieux tableau des classes dangereuses de la société, ne pourront plus jeter dans l'urne l'expression de leur sympathie politique pour les émeutiers, les socialistes et les athées. Mais il faut que toutes les mesures prises soient des précautions contre les malfaiteurs, sans être des barrières contre les honnêtes gens. Il faut surtout user de tant de réserve et d'impartialité, que le peuple ne puisse prendre au sérieux les déclamations furibondes des partis anarchiques.

« Si nous sommes bien informés, c'est sur la durée et la preuve du domicile que seront fondées les nouvelles dispositions du projet de loi. Un journal qui défend la Constitution avec d'autant plus d'acharnement qu'il ne l'a jamais lue, affirme ce matin que ce pacte fondamental dispense l'électeur de toute condition de domicile ; et comme le domicile ne peut guère se prouver que par le paiement de la contribution personnelle, la feuille écarlate en conclut qu'on va rétablir le cens.

« L'ignorance des mots et des choses préside à cette argumentation.

« La constitution elle-même impose très clairement la condition de domicile pour les électeurs :

« Art. 23. L'élection a pour base la population.»

« Comment constater la population sans la vérification préalable du domicile ?

« Art. 25. Sont électeurs, *sans conditions de cens*, tous les Francais âgés de 21 ans et jouissant de leurs droits civils et politiques. »

« Art. 26. Sont éligibles, *sans conditions de domicile*, tous les *électeurs* âgés de vingt-cinq ans. »

« Si les électeurs étaient dispensés des conditions de domicile, l'article 26 de la Constitution ne saurait avoir aucun sens.

« Art. 30. . . . . . Les électeurs voteront au chef-lieu de canton. »

« A quel chef-lieu de canton voteront-ils ? Sera-ce au premier chef-lieu de canton venu ? *Le Patriote* lui-même n'oserait soutenir une pareille baliverne. Le chef-lieu de canton où vote l'électeur est nécessairement celui de son domicile ; autrement, la loi dirait que l'électeur vote où bon lui semble, ce qui est moralement et matériellement impossible, en outre que ce serait absurde.

« A moins d'abuser de la patience du lecteur, on ne saurait insister longtemps sur ce point ; reste à savoir si la détermination du domicile par le paiement de la contribution personnelle équivaut au rétablissement du cens, contrairement à la Constitution.

« Nos adversaires établissent à dessein une confusion de mots. Le *cens* a toujours signifié l'impôt territorial ou mobilier pris à un certain taux moyen, pour déterminer une certaine richesse et fixer la base des droits politiques réservés à cette quotité de richesse seulement, et non à une quotité inférieure. Deux cents francs de contribution pris pour base de l'électorat, voilà le cens; fût-il de cent francs, c'est encore le cens; le réduisît-on à vingt francs, ce serait encore le cens, parce qu'il y a des contribuables qui payent beaucoup moins de vingt francs.

« Mais la contribution personnelle a-t-elle le caractère du cens? C'est ce qu'il est impossible de soutenir. D'abord, qu'est-ce que la contribution personnelle? La loi du 21 avril 1832 va nous répondre :

« Art. 10. La taxe personnelle se compose de la « valeur de trois journées de travail. Le conseil géné- « ral, sur la proposition du préfet, déterminera le « prix moyen de la journée de travail dans chaque « commune, sans pouvoir le fixer au-dessous de « 50 c., ni au-dessus de 1 fr. 50 c.

« Art. 12. La contribution personnelle et mobi- « lière est due par chaque habitant français jouis- « sant de ses droits et non réputé indigent. »

» Est-ce clair? Riche ou pauvre, propriétaire ou travailleur, nul Français n'est exempt de la contribution personnelle; elle est égale pour tous. Pour cesser de la payer, il faut être indigent ou privé de ses droits de citoyen.

« Donc, si la commission des dix-sept prend pour base la taxe personnelle, c'est comme si elle proclamait électeurs tous Français non indigents ou non privés de leurs droits civils.

« Où peut-on voir dans une semblable disposition quelque chose d'analogue au cens ?

« Les objections dirigées contre cette partie du travail de la commission tombent d'elles-mêmes devant un examen impartial et attentif.

« Mais, au point de vue purement politique, nous aurions quelques réserves à faire. Tout en désirant que la loi électorale de 1849 fût révisée en ce qu'elle a de vague et d'abandonné aux vents incertains de la démagogie, nous voudrions que ce projet nouveau ne fût pas une rancune contre les élections de Paris, élections fâcheuses sans doute, mais qui instruisent la France. Il ne faut pas oublier que si le suffrage universel, tel qu'il est pratiqué, a donné pour représentants à la ville de Paris un insurgé de Juin et le chantre de la *Goualeuse*, il a donné pour représentants à la France une majorité compacte, dévouée à l'ordre, à la paix publique et aux lois.

« Une mesure qui diminuerait trop sensiblement le nombre des électeurs pourrait, en certains cas, donner des résultats différents de ceux qu'on espère. Les conséquences d'une pareille éventualité n'échapperont pas à la sagacité des hommes d'État illustres qui siégent dans la commission. »

Aujourd'hui, pas plus que le 8 mai 1850, je n'accuse les intentions de ceux qui ont proposé et voté la loi du 31 mai; ils ont voulu réglementer le suffrage universel de manière à en supprimer d'incontestables abus; mais ils n'ont pas cru sortir des limites de la Constitution. Rien n'est plus constitutionnel que la condition de domicile imposée à l'électeur; et l'on ne prévoyait pas que le résultat s'éloignerait autant des prévisions. Mais ce résultat est incontestable aujourd'hui. La loi atteint, sans doute, tous les vagabonds, tous les malfaiteurs, tous les incapables et tous les indignes, mais elle supprime en même temps le droit d'un grand nombre de citoyens irréprochables qui offrent les garanties les plus complètes de moralité, de capacité, de domicile même. Donc la loi est mal faite et doit être revue.

Pour moi, je ne vois même pas qu'aucun principe soit engagé dans la question. Les auteurs de la loi n'ont pas voulu toucher au suffrage universel, je le suppose, du moins; et, en tout cas, il n'oseraient pas avouer un tel dessein. Qu'y a-t-il donc à faire? A réviser une loi qui a dépassé son but, et à déclarer que puisqu'on s'est trompé, on va réparer son erreur. Je ne connais rien de si sensé, de si loyal et de si simple.

Est-ce à dire qu'à ce prix on aura le concours de la gauche et d'une grande fraction du parti légitimiste? Est-ce bien dans l'intérêt de la révision que la loi électorale existante doit être remaniée?

D'abord, qu'on rapporte ou non la loi du 31 mai, on n'aura pas le concours de la gauche; elle le laisse espérer, parce qu'elle veut obtenir, par l'espoir d'une conciliation, ce qu'on a refusé jadis à ses menaces, mais elle ne le donnera pas. La droite joue le même jeu et tiendrait la même conduite. De plus, en supposant que le rappel de la loi électorale donnât quelques voix dans l'Assemblée à la Révision, il en éloignerait beaucoup plus; car dans de nombreuses fractions de la majorité on a la faiblesse de croire que la loi du 31 mai sauvera la France.

Au point de vue d'un égoïsme étroit, de ce *donnant donnant* dont parle quelque part

M. de Girardin, il n'y aurait donc pas utilité flagrante à rappeler la loi du 31 mai.

Non, mais il y aura justice.

Il faut revenir sur la loi du 31 mai.

XII.

RÉSUMONS-NOUS.

Révision ou Révolution : il n'y a pas de milieu.

Si les passions, les intérêts et les intrigues l'emportent sur le patriotisme et sur la vraie politique, les représentants ne s'entendront point, et la révision légale n'aura pas lieu.

En dehors de la Révision légale, qu'y aura-t-il? que peut-il y avoir?

La Révision illégale? Personne ne la demande et personne n'est en mesure de la faire; mais si on y arrivait, qu'est-ce que la Révision illégale, monarchique ou autre? — C'est une Révolution.

Que le peuple français, en 1852, réélise le Président de la République en dépit de l'article 45 de la Constitution! ce sera une abrogation complète, mais irrégulière de la Constitution, une insurrection pacifique contre le pacte fondamental; mais, encore un coup, ce sera une Révolution.

Que la loi du 31 mai ne soit pas rapportée, je n'affirme pas que la démocratie expulsée viendra se faire ouvrir les urnes, son fusil à la main; mais la France sera dans la double crise du renouvellement des grands pouvoirs; et il faut convenir que les émeutiers auraient beau jeu et bon prétexte. Une révision à main armée, cela ressemble bien à une Révolution.

Que si enfin les anciens partis parvenaient à écarter de l'urne le nom du prince Louis-Napoléon Bonaparte, ils opéreraient une telle division dans les voix du parti modéré, que le succès du candidat de la gauche serait certain, et le second président de la République française s'appellerait Raspail, Nadaud ou Pelletier.

Je ne sais pas si ce serait une Révolution, mais ce serait à coup sûr une grande humiliation pour la France, un grand sujet de risée pour l'Europe, et un coup de tocsin pour la civilisation.

Donc, Révision ou Révolution, que l'Assemblée nationale choisisse.

Paris, 10 juillet 1851.

DOCUMENTS.

Assemblée nationale législative.

RÉVISION DE LA CONSTITUTION.

Le 6 juin, les représentants se sont réunis à deux heures dans leurs bureaux, pour nommer la commission de quinze membres qui sera chargée d'examiner les propositions relatives à la révision de la Constitution.

La discussion a été très-vive dans la plupart des bureaux, et presque tous les membres influents de la majorité et de l'opposition ont pris la parole dans cet important débat. On sait que les bureaux s'étaient à peu près entendus, depuis deux jours, pour arrêter à l'avance le choix de leurs commissaires.

Voici les membres nommés :

1er bureau, M. de Montalembert, par 21 voix, contre M. Failly, 20.

2e bureau, M. Moulin, par 23 voix, contre M. Mathieu (de la Drôme), 14.

3e bureau, M. Dufour, par 24 voix, contre M. Saint-Romme, 15.

4e bureau, M. Jules Favre, par 21 voix, contre M. de Kerdrel, 21. (Bénéfice d'âge.)

5e bureau, M. de Mornay, par 29 voix, contre M. Drouyn de Lhuys, 18.

6e bureau, M. de Tocqueville, par 24 voix, contre M. Lacaze, 14.

7e bureau, M. Berryer, par 26 voix, contre M. Chauffour, 10.

8e bureau, M. de Corcelles, par 28 voix, contre M. Chauffour, 10.

9e bureau, M. de Broglie, par 23 voix, contre M. Michel (de Bourges), 15.

10e bureau, M. Charràs, par 16 voix; contre M. Lefebvre Duruflé, 13.

11e bureau, M. de Melun (Nord), 24 voix, contre M. Corne, 20.

12e bureau. général Cavaignac, 18 voix, contre M. Bineau, 15.

13e bureau, Odilon Barrot, 24 voix, contre M. Vesin, 14.

14e bureau, M. Charamaule, 23 voix, contre M. Molé, 22.

15e bureau, M. Baze, 23 voix, contre M. Labordère, 14.

Cinq membres se sont prononcés contre toute révision. Ce sont : MM. Jules Favre, de Mornay, Charras, général Cavaignac et Charamaule.

Première séance, 12 *juin*. — M. le duc de Broglie, président, ouvre la séance par l'interrogation d'usage : Quelqu'un demande-t-il la parole ?

M. Berryer donne les motifs de sa confiance dans la révision. Il croit que le pays, consulté sur la forme du gouvernement, répondra monarchie.

M. Odilon Barrot prend la parole après M. Berryer. Le discours de l'honorable représentant a été fort remarqué. M. Barrot est entré dans l'examen des causes qui ont amené l'antagonisme des deux pouvoirs.

L'effet de ce discours a été doublé par une insignifiante réplique de M. Baze.

Deuxième séance, 14 *juin*. — La commission de révision a tenu ce jour-là une séance des plus animées, et dans laquelle MM. de Montalembert, de Tocqueville, Charras, Cavaignac, Berryer et Moulin ont pris la parole.

M. de Montalembert a demandé la révision dans le sens de M. Odilon Barrot ; il a dit que la République devait être maintenue, parce que la monarchie n'aurait pas, en ce moment, la majorité.

M. de Tocqueville se prononce en faveur de la révision ; il croit, comme M. Odilon Barrot, que ce qu'il y a de mieux à faire en ce moment, c'est d'améliorer les institutions républicaines. Recherchant quels sont les moyens pratiques à employer pour obtenir la majorité exigée par la Constitution, il n'en voit pas de meilleur que le rappel de la loi du 31 mai. Dans le cas, du reste, où cette majerité ne pourrait se produire, il n'y aura plus, selon lui, qu'à s'incliner et qu'à respecter la Constitution.

MM. Charras et Cavaignac ont combattu la révision d'une manière très-vive.

M. le général Cavaignac, surtout, s'est attaché à dire que la question de la monarchie devait être vidée ou plutôt enterrée à tout jamais.

Enfin M. Berryer a déclaré que la République n'était pas un bon gouvernement pour le pays, et que sa pensée dominante, en demandant la révision, était d'éviter la réélection inconstitutionnelle du président de la République.

Troisième séance, 17 *juin*. — La commission a entendu MM. de Corcelles, Charamaule, Dufour, général Cavaignac, Berryer, Moulin et Charras.

M. de Corcelles a déclaré qu'il ne pouvait admettre la doctrine de M. le général Cavaignac relative à l'application du droit divin de la République. Il n'y a pas là de droit antérieur et supérieur. On peut accepter la République loyalement, sans pourtant faire acte de foi à ce sujet.

M. Charamaule approuve l'idée qu'a eue M. le général Cavaignac de poser la question entre la monarchie et la République. Il blâme vivement MM. Berryer de la position qu'il a prise dans le débat. L'orateur admet la souveraineté nationale dans les termes les plus larges ; elle seule est maîtresse de donner une forme de gouvernement.

M. Dufour déclare qu'en votant la révision, il a surtout l'intention de conjurer les dangers de 1852; c'est un moyen de salut offert par la Constitution, il faut s'en servir. Le pays, d'ailleurs, est convaincu que la révision apportera un grand soulagement à ses souffrances ; il faut donc avoir égard aux vœux qu'il exprime. Quant aux partis, bientôt on saura à quoi s'en tenir sur leurs illusions : ce que fera la Constituante décidera pour longtemps la question.

M. le général Cavaignac a dit qu'il se réservait de déclarer à la tribune dans quelle limite il prétendait appliquer le droit ou le principe de la République. Il n'est pas, a-t-il dit, l'inventeur du droit divin appliqué à cette forme du gouvernement. Il désire que les partisans de la révision indiquent franchement dans quel but ils la veulent. Il accuse le parti qui s'intitule le parti de l'ordre de ne vouloir que l'anarchie.

M. Berryer a reproduit les arguments qu'il avait déjà émis en faveur de la révision totale. Si la forme du gouvernement, dit-il, n'est pas changée, il faut maintenir l'article 45.

M. Charras combat vivement ce qu'il appelle les tergiversations des partis qui n'osent pas proclamer hautement leurs vœux et leur drapeau. Il loue son honorable collègue, M. le général Cavaignac, d'avoir posé les vrais principes.

« La Constituante n'aura d'autres droits que ceux déférés par la Constitution et dans les limites du vœu exprimé par la Législative. Il faut être net et franc avec le pays; on lui avait promis la royauté, qu'on la lui montre : il n'y a plus d'équivoque possible. Ce qu'on veut, c'est un *coup fourré législatif;* nous, nous n'en voulons pas. »

M. Moulin a fait observer que la commission n'avait en ce moment aucune résolution à prendre sur la Constitution même; seulement, nous reconnaissons presque tous que la Constitution est plus ou moins défectueuse ; par conséquent, il faut la réviser. »

Quatrième séance, 19 *juin*. — La commission a entendu MM. de Mornay, de Melun, Odilon Barrot, Baze ; MM. Charamaule, de Tocqueville et Charras ont pris part au débat incidemment.

M. de Mornay, comme on sait, est adversaire déclaré de la révision. Il a déclaré qu'à ses yeux le bonapartisme et le socialisme pouvaient bien se valoir. Or, c'est un des deux résultats qui sortirait infailliblement d'une nouvelle assemblée constituante. L'opinion publique est mal conseillée ; il faut savoir résister à un fol entraînement.

M. de Melun a demandé la révision totale et légale. D'après lui, c'est le seul moyen de sauver le pays d'une crise redoutable. A l'approche d'une lutte électorale aussi grave, il ne faut pas entrer en lutte avec l'opinion publique ; la majorité actuelle ne doit pas perdre son influence et sa popularité ! Il ne faut préparer les voies ni au bonapartisme ni au socialisme.

M. Odilon Barrot a parlé en faveur de la révision ; il a tiré la plupart de ses motifs de la question d'opportunité. Il a démontré que le plus grand intérêt du parti républicain était de voter la révision. Si elle n'a pas lieu, a-t-il ajouté, c'en est fait du gouvernement représentatif ; la question vitale pour la République, en ce moment, c'est la révision.

Si elle perd cette occasion d'une réforme indispensable, son avenir est à jamais compromis en France.

Cinquième séance, 21 juin.—La commission s'occupe des propositions de MM. Larabit, Payer, Creton et Bouhier de l'Ecluse.

M. Larabit a restreint sa proposition à la modification de l'article 45. Il pense que c'est là le seul moyen de répondre aux vœux des pétitionnaires.

M. Payer ne veut que de la révision partielle ; il n'admet pas qu'on discute la question de monarchie ou de République.

M. Creton est partisan de la révision totale; il faut que la Constituante choisisse entre le principe monarchique et le principe républicain.

M. Bouhier de l'Ecluse veut que le suffrage universel non restreint soit appelé à nommer une Assemblée constituante qui serait chargée de pleins pouvoirs.

Sixième séance, 24 *juin.* — La commission a entendu les développements dans lesquels est entré M. de Broglie, touchant la proposition qu'il a présentée au nom de la réunion de la rue des Pyramides. On sait qu'aux termes de cette proposition, la nation rentrerait dans le plein exercice de sa souveraineté.

M. de Broglie a déclaré que la Constitution lui semblait déplorable et qu'il fallait la réviser complétement. Il n'est pas question, a-t-il dit, de savoir si l'on veut ou non revenir à la monarchie : ce qu'il y a de certain, c'est qu'il ne votera pas une révision républicaine dans le sens de M. de Tocqueville. L'Assemblée actuelle n'a pas le droit de mettre en question le gouvernement existant, elle doit se borner à émettre le vœu d'une révision.

L'honorable orateur a blâmé certains actes du président actuel, mais a déclaré qu'on s'était fait illusion au sujet de certaines velléités ambitieuses. Du reste, il sera bon de bouleverser, dans la Constitution, tout ce qui tient à l'organisation des pouvoirs.

A la suite de cette audition, on remet à statuer à la prochaine séance sur la proposition de M. de Broglie et sur celle de M. Payer. La commission a rejeté les propositions de MM. Creton, Larabit et Bouhier de l'Ecluse.

Septième séance, 25 *juin*. — M. de Tocqueville a été nommé rapporteur par huit voix contre sept, dont deux ont été données à M. Odilon Barrot et cinq à M. de Broglie.

Toutes les propositions qui avaient été soumises par divers membres à l'examen de la commission ont été rejetées, voire même celle de la réunion des Pyramides.

M. de Broglie ayant déclaré qu'il ne lui appartenait ni de modifier, ni de retirer cette proposition, dont il n'était pas le seul auteur, elle a été mise aux voix et rejetée.

La commission a adopté ensuite une proposition de M. de Broglie conçue à peu près dans ces termes :

« Vu l'article 111 de la Constitution, l'Assemblée décide que cette Constitution sera revisée en totalité. »

PARIS. — Imp. SCHILLER aîné, faub. Montmartre, 11.

Chez les mêmes Éditeurs

BIBLIOTHÈQUE CONTEMPORAINE

Format in-18 Anglais.

1re SÉRIE A 2 FRANCS LE VOLUME.

		vol.
ALEX. DUMAS.	Le Vicomte de Bragelonne.	6
—	Mém. d'un Médecin (Balsamo)	5
—	Les Quarante-cinq.	3
—	Le Comte de Monte-Cristo.	6
—	Le Capitaine Paul.	1
—	Le Chev. d'Harmental.	2
—	Les trois Mousquetaires.	2
—	Vingt ans après.	3
—	La Reine Margot.	2
—	La Dame de Monsoreau.	3
—	Jacques Ortis.	1
—	Le Chev. de Maison-Rouge.	1
—	Georges.	1
—	Fernande.	1
—	Pauline et Pascal Bruno.	1
—	Souvenirs d'Antony.	1
—	Sylvandire.	1
—	Le Maître d'Armes.	1
—	Une Fille du Régent.	1
—	La Guerre des Femmes.	2
—	Isabel de Bavière.	2
—	Amaury.	1
—	Cécile.	1
—	Les Frères Corses.	1
—	Impressions de Voyage :	
—	— Suisse.	3
—	— Le Corricolo.	2
—	— Midi de la France.	2
—	Collier de la Reine (s. presse.)	3
—	Souvenirs Dramatiques.	
—	Théâtre nouveau (»)	2
—	Ascanio. (»)	2
E. DE GIRARDIN.	Etudes politiques. (Nouvelle édition).	1
—	Questions administratives et financières.	1
—	Le Pour et le Contre.	1
—	Bon Sens, bonne Foi.	1
—	Le droit au travail au Luxembourg et à l'Assemblée Nationale, avec une introduction.	2
PAUL FÉVAL.	Le Fils du Diable.	4
—	Les Mystères de Londres.	3
—	Les Amours de Paris.	2
MICHEL MASSON.	Les Contes de l'Atelier.	2
LOUIS REYBAUD.	Jérôme Paturot à la recherche de la meilleure des Républiques.	4

		vol.
JULES SANDEAU.	Catherine.	1
—	Nouvelles.	1
—	Un Roman (sous presse).	
ALPHONSE KARR.	Un Roman.	2
—	Récits sur la Plage (sous presse).	2
JULES JANIN.	Un Roman nouv. (s. presse)	2
EUGÈNE SUE.	Les Sept Péchés Capitaux :	
—	l'Orgueil.	2
—	l'Envie, la Colère.	2
—	la Luxure, la Paresse.	1
—	la Gourmandise, l'Avarice.	1
EM. SOUVESTRE.	Un Philosophe sous les toits.	1
—	Confession d'un ouvrier.	1
—	Derniers paysans (s. presse)	2
CHAMPFLEURY.	Contes.	1
FRÉD. SOULIÉ.	Le Veau d'Or (sous presse).	4
F. LAMENNAIS.	De la Société première.	1
L.-P. D'ORLÉANS, ex-roi des Franç.	Mon Journal. Évènements de 1815.	2
L. VITET.	Les États d'Orléans. — Scènes historiques.	1
BAR.-LARIBIÈRE.	Histoire de l'Assemblée Nationale constituante.	2
EUGÈNE SCRIBE.	Un Roman (sous presse).	1
EMILE THOMAS.	Hist. des Atel. Nationaux.	1
ERNEST ALBY.	Histoire des prisonniers français en Afrique.	2
ALBERT AUBERT.	Les Illusions de jeunesse.	1

2e SÉRIE A 3 FRANCS LE VOLUME.

		vol.
LAMARTINE.	Trois mois au Pouvoir.	1
GEORGE SAND.	La Petite Fadette	1
PONSARD.	OEuvres compl. (s. presse).	1
OCT. FEUILLET.	Scènes et Proverb. (»).	1
D'HAUSSONVILLE.	Histoire de la politique extérieure du gouvernement français, 1830 1848. avec notes, documents, pièces justificatives, entièrement inédits.	2
HENRY MURGER.	Scènes de la Bohême.	1
—	Scènes de la Vie de jeunesse.	1
—	Le Pays latin (s. presse).	1
HENRY BLAZE.	Ecrivains et Poëtes de l'Allemagne.	1

Paris. — Impr. de Schiller aîné, 11, rue du Faubourg-Montmartre.

www.ingramcontent.com/pod-product-compliance
Lightning Source LLC
LaVergne TN
LVHW020412230826
846091LV00004B/1252
9782012478121